AF599916

RAMIRO FACAL

BAJO MI PROPIO CIELO

RAMIRO FACAL

BAJO MI PROPIO CIELO

HUERGA & FIERRO editores

Diseño de Colección: Huerga y Fierro

Primera edición: 2025

© Fotografía del autor: David Figueras Muñoz

© Ramiro Facal
Derechos exclusivos de edición en castellano
reservados para todo el mundo

© 2025: Huerga y Fierro editores, S.L.U.
C/Sebastián Herrera, 9
28012 Madrid-España
Telf.: 91 467 63 61
www.huergayfierro.com
huerga@huergayfierro.com

I.S.B.N.: 979-13-990189-2-9
Depósito Legal: M-9042-2025
Impreso en Romadac Industria del Libro
Impreso en España/Printed and made in Spain

Cualquier forma de reproducción, distribución, comunicación pública o transformación de esta obra solo puede ser realizada con la autorización de sus titulares, salvo excepción prevista por la ley. Diríjase a CEDRO (Centro Español de Derechos Reprográficos) si necesita fotocopiar o escanear algún fragmento de esta obra.
(www.conlicencia.com; 34 91 702 19 70 / 34 93 272 04 47)

Prólogo

En este nuevo poemario he metido un poco de todo, aunque el título no lo refleje. En lo que a lo material se refiere, no cabe discusión o discrepancia alguna, si me refiero a un lugar y mi opinión no es compartida, es una alegría para mí, porque tan solo quiero expresar una opinión personal y subjetiva y puede que no gusta a algunos y a otros tampoco, pero aún así, solo sería una opinión que puede no ser compartida. Como no me considero un dictador, no me molesta que haya gente que discrepe de mis opiniones, es más, me gusta, porque me hace ver que sigo siendo humano y contumaz en el error.

En lo que se refiere a los temas intangibles, ahí es donde tiene más valor lo que antes he confesado, que soy humano y contumaz en el error. Puede que esté equivocado y si alguna vez llego a aceptarlo, lo reconoceré, pero, hoy por hoy, lo sostengo y no tengo la menor intención de herir o molestar a los creyentes de mi fe o de otras. Es una pura y simple opinión personal, sentida en el momento en que lo pasé al papel. Si algún día pensase que estaba equivocado, tendré la precaución de dejar constancia escrita.

Tampoco tenía la intención de ofender ni a los teólogos, porque de eso, como de otras muchas cosas, no entiendo nada, ni, por supuesto a la Santa Madre Iglesias, en la que me eduqué y en la que creo, aunque esa creencia no sea extensible siempre a todos sus ministros y servidores. He nacido en el campo y sé que, en todos los rebaños, hay ovejas negras. No busquen en mis palabras más que un poco de crítica y algo de divertimento, aunque, a lo mejor esta vez no he logrado ninguna de las dos cosas.

Es por esto, por lo que no pido a nadie que escriba algo por mi o sobre mí. Si yo soy el que comete el pecado, yo soy quien debe cargar con la penitencia.

Les pido disculpas y les doy las gracias a todos.

El autor

BAJO MI PROPIO CIELO

Muy tangible

La gente del campo

Son gente muy maltratada
los que alimentan el mundo,
porque además de alejada,
es de todos olvidada,
con un olvido profundo.

Los coge el sol faenando,
se pone y ellos aún siguen
a su ganado cuidando,
el descanso está esperando
que las fatigas le obliguen.

La gente de la ciudad,
somos muy poco discretos
y faltos de caridad,
comemos de su bondad
y les llamamos paletos.

Y cuando al campo llegamos,
es tanta nuestra torpeza
que con todo tropezamos
y en los sembrados andamos
como patos en maleza.

Seres que gustan de estar
y andar por el campo solos,
con las fechas de sembrar
y las de recolectar,
como únicos protocolos.

Son sencillos y discretos,
eficientes y constantes,
doctos en muchos secretos,
a los que llaman paletos,
tan solo, los ignorantes.

Saben de lluvia y de viento,
pueden en el aire oler
hasta un pedrisco violento,
ven en la tierra sustento
y no un trabajo que hacer.

Su posición es confusa,
aun teniendo muchos dones
y una inmensa ciencia infusa,
todo el mundo de él abusa
y no escuchan sus razones.

Él se pierde en tu ciudad
y lo primero es la puya,
sin la menor caridad,
muy distinta realidad
si te pierdes tú en la suya.

Su trabajo es el más duro.
Gracias a ellos es posible
comer hoy y en el futuro,
nuestros inventos, seguro,
que ninguno es comestible.

Anda solo, incontrolado
y en total libertad vive,
don que, a pecho, se ha ganado
y el listo sigue enjaulado,
sin nada que lo motive.

La Cueva de los Verdes

En la Cueva de los Verdes,
en la bella Lanzarote,
exclamarás: ¡Qué pasote!
Cada vez que la recuerdes.

Cuando yo la conocí
creía haber visto todo,
pero en el primer recodo,
me sorpendió lo que vi.

Sin ánimo de diatriba,
si el infierno, es bajo el suelo,
aquí se confundió el cielo
y el infierno, se halla arriba.

Es tanta y tan sorprendente
la belleza que allí encuentras,
que te quedas, desde que entras,
en colapso permanente.

El guía, al entrar, alerta
de que hay pasos complicados,
donde hay que andar agachados
y la cabeza despierta.

Si te paras a mirar
te invade tanta belleza,
que dentro de tu cabeza
sientes la lava brotar.

Y a cada paso que das,
más hermosura vas viendo
y en tu corazón sintiendo,
que el resto, ya es lo demás.

La lava pintó paisajes
tan bellos y sorprendentes,
que la faz de los presentes,
sale llena de visajes.

Alzo la vista al salir
y viendo el que llaman cielo,
se arma en mi mente un revuelo,
que no puedo describir.

No se cual elegiré
entre esos cielos que vi,
pero sé, que sí o sí,
a Los verdes, volveré.

Pastores trashumantes

Si hay vidas bien puñeteras,
la del pastor trashumante
debe ponerse delante,
diría, entre las primeras.

Los admiro de verdad,
pues son seres de otra hechura,
de León a Extremadura
cabalgan la soledad.

Con su manta y su cayado
y una hogaza en el zurrón,
empiezan su procesión
con los perros a su lado.

El aire, rasga un silbido,
y se desata el infierno,
ventea el ganado invierno
y sale despavorido.

Los perros, con sus ladridos,
ponen en marcha el rebaño,
mordiendo, sin hacer daño,
y acarreando a perdidos.

En lo alto, el pastor, erguido,
no quita ojo al ganado,
arreando al separado
con su potente silbido.

Mientras que rumia el ganado,
alrededor de la hoguera,
el pastor sueña y pondera
lo que atrás había dejado.

En su manta arrebujado,
contemplando el firmamento,
siempre con un pensamiento
para aquellos que ha dejado.

Los perros velan sus sueños
y haciendo uso de sus mañas,
alejan las alimañas
del ganado y de sus dueños.

Al alba, vuelve la vida
al aprisco montaraz,
las voces del capataz
dan la noche por cumplida.

Huele a café recién hecho
en plena naturaleza,
perturbando la pureza
del olor del verde helecho.

Un silbido corta un viento
de ladridos y terquezas
y un monstruo de mil cabezas
inicia su movimiento.

Y durante todo el día,
lentamente, van pastando
y algunos, ramoneando,
con calma y monotonía.

Y la noche, nuevamente,
extiende un manto de estrellas,
que, junto a otras cosas bellas,
guardará en el subconsciente.

Y el sueño borra sus miedos,
que se escapan de su mente,
como el agua de la fuente
se escapa entre nuestros dedos.

Los días va desgranando
como cuentas de un rosario
y el consuelo del salario,
le anima a seguir andando.

Los charcos, son como espejos
con un reflejo de antaño,
el pastor sigue al rebaño
y sus pensamientos, lejos.

Ve cosas, cuando camina,
que el resto de los mortales,
tan solo ve en las postales
o tal vez las imagina.

Habla a los canes y esputa,
pero en los charcos del suelo,
ve reflejado a su abuelo,
que hacía la misma ruta.

Cubre el valle la manada,
y el lobo desde lo alto,
sueña con pegar un salto
sobre alguna descarriada.

Pasan las noches y días
y vienen otros iguales,
mismos perros y animales
y soledades sombrías.

Siendo así año tras año
y los perros y el pastor
están, con ojo avizor,
muy pendientes del rebaño.

Se acerca ya la mañana
que es más dulce que el anís,
el tren trae un bis a bis
y va a batir bien la pana.

Solo una noche estarán
en torno de la estación
y estrujará la ocasión
que el cielo y hados le dan.

Al alba se ha de marchar,
rumiándose sus enojos,
con lágrimas en los ojos
y pensando en retornar.

Mientras anda, va pensando,
que poco le da la vida
solo un plato de comida
y varios meses andando.

Piensa en sacudir su yugo
cuando acabe la campaña
y no venderá su entraña,
por un pequeño mendrugo.

Ése, es hoy el pensamiento,
pero la vida, tozuda,
y la realidad cruda,
no harán real ese cuento.

Porque las necesidades
y deudas acumuladas,
borrarán penas pasadas,
resaltando las bondades.

Las siguientes temporadas,
si no halla mejor opción,
no escuchará el corazón
y volverá a las andadas.

A mi tierra

La maravillosa Galicia asombra
con una belleza que no es normal,
toda orlada de un verde excepcional
que se tiende, a tus pies, como una alfombra.

Pero tanta beldad hay que cuidarla,
y para ello, hace falta que llueva,
pues no habrá jardinero que se atreva
a dar tanta belleza sin cobrarla.

Al visitante, a veces, le molesta,
pero es el precio a pagar por lo visto,
aunque, también, se acepta la protesta.

El que venga ya demuestra ser listo,
al dar a su alma algo que le presta,
aunque tal vez le llueva de imprevisto.

El Refugio de Verdes

Caminando bajo tus enramadas,
mientras el agua a mis pies amenaza
y con flores de espuma se disfraza,
especialmente, al pie de las cascadas.

En tus remansos el sol se refleja
y las libélulas revolotean,
dibujando acrobacias que marean,
mientras zumba la laboriosa abeja.

Es tal la paz que inunda los sentidos,
que las horas crees que se detienen
y el silencio deleita tus oídos.

Vuelves a la realidad cuando suenen,
de la hurraca o del cuervo, los graznidos,
o unos ladridos, que de lejos vienen.

Puesta del sol desde Nariga

La noche asoma por el noroeste,
tan lentamente que casi da miedo,
el sol, muy despacio, abandona el ruedo
y nos regala una belleza agreste.

Extasiados, miramos a esa bola
que ya se oculta tras el infinito,
mientras nos lega un increíble rito,
que sazona el rugir de la marola.

Al marcharse tenderá un negro manto,
con más estrellas que puedas contar
y más soledad que un amargo llanto.

Del pecho, el corazón quiere saltar,
para ser parte de ese inmenso encanto
que a esta tierra Dios quiso regalar.

A la mujer de mi vida

Ojos de verde mirada,
de los que sale un fulgor
que funde, con su calor,
mi voluntad abnegada.

En mis adentros desatas
un combate desigual,
el no quererte es mortal
y si no lo hago, me matas.

Si me quieres castigar,
cierra esos tus verdes ojos
y el mayor de mis antojos,
sería el no respirar.

Si no siento tu calor,
mi alma se ahoga en llanto,
sécame con ese manto
que es solo fruto de amor.

Ese verdor de tus ojos
enciende en mí una hoguera,
que da luz, a mi ceguera,
mientras busco mis despojos.

En mi alma enamorada
donde tu figura anida,
cualquier hálito de vida,
proviene de tu mirada.

Con tu carita encendida
y mirada de candor,
me arrastras a tu interior
y ahí, me robas la vida.

El amor es, de ordinario,
una fuerza excepcional,
dicen que el odio es igual
pero en sentido contrario.

Y mi interior, con crudeza,
me dice, en plan arenga,
lo que su cuerpo no tenga,
mira hallarlo en tú cabeza.

Y aunque de gracia adolezcas
o tú bella no te veas,
no importa lo que tú creas,
si no que me lo parezcas.

Ojos verdes y serenos,
tranquilos como la noche,
miradme, más sin reproche,
igual que miráis a ajenos.

Las mujeres, son lo que son

Nos dice de las mujeres,
la sapiencia popular,
que no hay mejores placeres
si los sabes cosechar.

Las surten de en tres sabores,
prieta, rubia o pelirroja,
vienen dotadas de olores
y de un besar que se antoja.

Pero dan compensaciones
que el vulgo no reconoce,
coqueteos, achuchones,
miradas y así hasta doce.

Andares, roces, sonrisas,
atusados de melena
y otras cosas imprecisas
que valen mucho la pena.

Hacer que estira una falda
que se ve que es imposible,
o un cruzado irresistible
que hasta el alma nos escalda.

El gesto de alzar el busto
echando a tras la cabeza.
¡Díganme! si no es un gusto
contemplar tanta belleza.

No he contado si van doce
pero faltan muchas más,
ver a una hembra es un goce,
por delante y por detrás.

Se nos muestra muy certera
la sapiencia popular,
si la mujer no existiera
se la habría de inventar.

Hasta ahora es terrenal
todo cuanto he destacado,
pero en lo espiritual,
su triunfo es más elevado.

Amor, dulzura a raudales,
sacrificio y protección
y unos dones especiales
que eclipsan a la razón.

Es tanto su poderío
y tan firme su armamento,
que cuando suelta su brío
se asusta hasta el firmamento.

Remueve cielos y tierra
en pos de sus objetivos,
un arma letal de guerra,
que temen muertos y vivos.

Puede ser como la peste
o cual sol de primavera,
puede ser mansa o agreste,
muy patosa o muy artera.

Admiro con toda mi alma
a ese ser maravilloso,
que aparte de darme calma,
me hace sentir muy dichoso.

Dice el saber popular
que la mujer ha de ser,
el gancho del que pender
una unidad familiar.

Igual no piensan lo mismo

Debe ser fenomenal
sentirse tan poderosa,
que en todo caso, da igual,
su palabra es el final
y a otra cosa mariposa.

Mientras discutes, esperan,
con gesto benevolente,
como si ellas ya supieran,
que se hará, lo que ellas quieran,
contra el pensar de la gente.

Dejan que siga el varón,
haciendo cualquier tontada
para atraer su atención,
sin ver que la decisión,
ya fue, por ellas, tomada.

La dio la naturaleza
un instinto excepcional,
rayano con la rareza
y lo usan, con gran certeza,
como alegato final.

Es un ser superdotado
y el tener una, celebro,
solo un fallo le he encontrado,
que lleva el orden grabado
en mil partes del cerebro.

Aun así, no me imagino
cómo sería mi vida,
sin ese ser tan ladino,
que gobierna mi destino
con maestría de druida.

Halcón peregrino

El hombre no halla consuelo
a su lujuria alocada,
y estando dentro del cielo,
sale fuera y alza el vuelo,
en un camino a la nada.

Es su humana condición
la que lo hace ser así,
un sublime tontorrón,
que solo usa la razón
después de un ¡lo conseguí!

El mal está en su cabeza,
el cuerpo solo obedece
y a veces, no con presteza,
va de torpeza en torpeza
pensando que lo merece.

¡Pobre loco! En su ceguera,
deja a una mujer herida
para irse con la primera,
que le verá, como quiera,
y él, como presa obtenida.

Pero ese halcón peregrino,
se enamora de una presa
que se cruzó en su camino
y su cielo cristalino
lo cambia por su princesa.

Otro día, ve un señuelo,
que luciendo hermosas galas
le invita a cambiar de suelo
y al querer alzar el vuelo,
ve que han cortado sus alas.

Y ahí comienza su mente
a trabajar como loca,
que le habla insistentemente,
como el chorro de una fuente,
de las mieles de su boca.

Como no vuela, camina
hacia su nuevo destino,
piensa que encontró una mina,
pero vuelve la rutina
y deja de ser divino.

Divisa una nueva meta
y esta vez se va arrastrando
tras esa nueva receta,
sin ver que es la misma dieta
que a su espalda va dejando.

Y hoy, ese rey de los cielos,
se arrastra por barrizales
soñando con nuevos vuelos,
compartiendo desconsuelos,
con otros muchos mortales.

Es un castigo vil

En la lucha hombre-mujer
terminan los dos bien hartos
y hasta un tonto ha de saber,
que a veces es por querer,
pero otras muchas, por cuartos.

En las parejas actuales,
muestra la realidad,
que haya o no esponsales
quien controla los reales
es quien manda de verdad.

Hembra, o quien haga el papel,
del sexo débil llamado,
debe amansar a un corcel,
usando como cimbel
la queja, el llanto y enfado.

Aparentar descontenta,
aunque parezca locura,
grandes problemas solventa,
la queja es un arma lenta,
pero es un arma segura.

El macho, generalmente,
su estado es estar cachondo
y en actitud indolente,
porque la vida la siente
como carrera de fondo.

Hoy en día, las parejas
no están muy compenetradas,
ambos manifiestan quejas,
perdonan faltas añejas
y se matan por pijadas.

Pensar que uno es el mejor,
fue cosa de razas arias
y ha sido un terrible error,
tan solo hace falta amor
y que sean complementarias.

Me parece una maldad
hasta mencionarlo, incluso,
o tal vez una crueldad,
si la meta es la igualdad,
por qué elegir el abuso.

Distintas libertades

SONETO

Se ven más libres algunas mujeres
cuando no llevan el sujetador,
para algunas, no hay castigo mayor,
y para otras, el "top" de los placeres.

Las partidarias de la libertad
para esa parte de su anatomía,
triunfadoras las consideraría,
si lo hicieran, sin importar la edad.

Mas la gravedad es una enemiga,
que acaba imponiendo su condición
e indiscriminadamente castiga.

Y en ningún caso siente compasión,
trata por igual a rica y mendiga
y solo el bisturí será la opción.

La mujer

Soneto

Una mujer de piernas infinitas,
pulveriza cánones de belleza
y destroza, con la misma presteza,
a las más antiguas normas escritas.

Llega y, con sus andares cadenciosos,
siembra un silencio tan impenetrable,
que en la ciencia no hay nada comparable,
ni momentos más placidos ni hermosos.

La naturaleza nos muestra su obra,
con la certeza de saber que nada,
a su creación, le falta o le sobra.

Y si su perfección fuese igualada,
se llenaría el mundo de zozobra
y el ansia de vivir, defenestrada.

Un error monumental

Entre los locos abrazos
de una joven jornalera,
hice mi vida pedazos
y hoy no tengo sus brazos
ni lo que, una vez, me diera.

Mi vida se la ha tragado
un horrible torbellino
y en trozos la ha desguazado,
destrozando mi pasado
lo mismo que mi destino.

Igual que un ciclón, arrasa
toda mi vida pasada,
podría parecer guasa,
pero cuando a ti te pasa
ves que no te queda nada.

El convertirme en lacayo
del vicio y de la indecencia
y hacer de mi capa un sayo,
a velocidad del rayo,
me ha llevado a la indigencia.

Cambié cierto por posible
y concreto, por gaseoso,
lo real, por intangible,
lo fetén, por lo inservible
y lo que es fácil, por lioso.

Pero aquel corto momento,
que se me antojó proeza
y un maravilloso ungüento,
hoy se ha tornado en tormento
que taladra mi cabeza.

Como no puedo borrar
esa estúpida locura,
solo me queda pagar
esa cuenta, sin llorar,
y cultivar la cordura.

Paso la noche y el día
viviendo en un negro pozo,
solo con la compañía
de lo que perdido había
y de aquel amargo gozo.

Lástima que el ser humano
no aprenda en cabeza ajena
y que no tome la mano,
de algún buen samaritano
que intente aliviar tu pena.

Alegoría, o lo que sea

Vivir de la poesía
es una rara excepción,
vive el joven de una tía
y el viejo de su pensión.

Ser poeta es un oficio
que está mal remunerado,
vocacional, a mi juicio,
y con la mesa, enfadado.

Pero si ese es tu quehacer,
el hambre es tu compañera,
que desde el amanecer,
te seguirá como fiera.

Todo el mundo tu obra admira
y te alaban sin parar,
pero aquel que más se estira
solo te invita a cenar.

No está mal, pues muchos días,
es el único alimento
que en mesa degustarías
y base de tu sustento.

Con una comida al día
la inspiración no te deja,
cual astro reluciría,
pero tu vientre se queja.

Vienen, te alaban y huyen
sin preguntarse siquiera,
porque esas ideas fluyen
de tu alocada sesera.

Y a punto ya de ser fiambre,
piensas en cosas extrañas,
mientras los perros del hambre,
te devoran las entrañas.

Los vates son gentes laicas
y más tristes que una cuita,
que hablan de cosas prosaicas
pero de forma bonita.

Es un ser muy especial
y rebelde a su manera,
que dice al niño, zagal,
y a la moza, primavera.

Poderosa arma su ingenio,
con la que fustiga a diario,
en la calle o el proscenio,
al rico y al proletario.

Salvadora de la especie

En toda especie, diría,
que de los pies al penacho,
la hembra, en la mayoría,
es más pequeña que el macho.

Mas que eso no te confíe,
que tiene espinas la rosa,
con dulzura te sonríe
y solo cavas tu fosa.

La hembra es animal fiero,
depredadora total
de salud y de dinero,
ambas cosas, por igual.

Hábil en el camuflaje,
nada hay que se le resista,
en la lucha, es más salvaje,
y en los acuerdos, más lista.

Dios manipuló el sorteo
para asegurar la vida,
dándole al macho un deseo
sin control y sin medida.

El resto de cualidades
para la supervivencia,
a ella van, y con consciencia,
los dones y las maldades.

Si ha de pilotar la vida,
en casos, desde la sombra,
es el cielo quien la nombra
mandamás, obrero y druida.

Oficios que desempeña
con vigor y abnegación,
mientras conduce al varón,
rogando, siendo la dueña.

La sospecha, de ella mana
porque anida en su cabeza,
haciendo que, con certeza,
pueda ver, hoy, el mañana.

Su idiosincrasia la hace
ser alguien excepcional,
brillante en el bien y el mal,
donde todo muere o nace.

Osadía humana

Una gran sabiduría
la del que haya hecho el mundo,
jamás nadie se creería
que equivocarse podría,
opinión que yo secundo.

Tanta belleza ha creado
en una pequeña rosa,
que jamás nadie ha pensado,
que en algo esté equivocado,
ni en la más mínima cosa.

A seres ha imaginado
que mutan en mariposas,
a unos, rara forma ha dado
y otros, porque lo ha pensado,
nadan, vuelan o ambas cosas.

Los hay ligeros, cual viento,
o pesados, cual calores,
y todos son alimento
de otros, que son el sustento,
de grandes depredadores.

Esta cadena perfecta,
funcionó y funcionará,
porque el miedo se detecta
y al débil, es al que afecta,
cuyo ciclo acabará.

Crea a los hombres y mujeres,
iguales pero distintos,
los dos buscan los placeres,
distinguiéndose esos seres
tan solo por sus instintos.

Fundió al hombre, en su horma,
porque así lo ha querido,
no por cumplir una norma,
y el hombre tomó su forma,
pero no su contenido.

Y con tanta perfección
y tanta belleza suma,
el hombre está en un rincón,
evitando la ocasión
de encontrarse con el puma.

Tras largas meditaciones,
le da la capacidad
para tomar decisiones
y escasas limitaciones
para usar su libertad.

A lo mejor su osadía,
o su ignorancia o su anhelo,
fue lo que le llevaría,
a la inmensa tontería
de pedir cuentas al cielo.

Si el amor se debe hacer,
que Dios no se llame a andanas
y al hombre le haga saber,
por qué le quita el poder
pero le deja las ganas.

Habrá alguna explicación
y, tal vez, hasta sencilla,
mas la hembra y el varón,
no encuentran la solución,
aun siendo ella su costilla.

Y las mentes más inquietas,
han pasado horas y horas
leyendo en viejas recetas,
en busca de algunas grietas
que alumbren nuestras auroras.

En qué no hemos mejorado

Hoy las parejas no duran
como duraban antaño,
algunas, antes del año,
ya ni en la cama carburan.

Y si aún no hay descendencia
la cosa se simplifica,
si algo, al menos, se fornica
y los dos, le echan paciencia.

No es normal pero pasa,
que una brisa suave y tierna,
se torna, pronto, en galerna
y con la familia arrasa.

Y les llueven las desgracias
a todos sus componentes,
que se hunden hasta los dientes
en un mar de burocracias.

Unos, se quedan sin hijos
por no aguantar a sus madres
y otros, cometen desmadres
del tamaño de cortijos.

Logran tan solo unos pocos
encarrilar su destino,
el resto, vagan sin tino,
mientras se comen los mocos.

Y la prole, que anda en medio,
es la que paga el convite
y a menos que alguien lo evite,
se echa a perder, sin remedio.

Por separado, le dan
caprichos a mogollón
y con la competición,
su alma, envenenarán.

Crecen sin un referente
en que fijar su mirada
y al final no queda nada,
más que egoísmo en su mente.

Sin ver lo que está pasando,
la vida les da de premio
al hijo de otro bohemio,
al que acabarán criando.

Y como compensación
a tanta pena y desdicha,
otro, siguiendo a su picha,
nivela la situación.

De mucho deben privarse
para mantener dos casas,
vestir mal, viandas escasas
y prohibido el enfermarse.

Y así, la diosa fortuna
va nivelando las cosas
y, agobiado, hasta ve rosas
donde otro no vio ninguna.

Al fin se aplaca la hiena
que le había esclavizado,
pues nadie nace enseñado,
ni aprende en cabeza ajena.

Tiempos de grandes desmadres
nos ha tocado vivir,
machos, que quieren parir,
y abuelos que hacen de padres.

Dando gracias a los cielos
usurpan esas funciones,
llenando sus corazones
de alegrías y desvelos.

Los tiempos mucho han cambiado
y hay métricas diferentes,
no se forman nuevas gentes
con ideas del pasado.

Y la puta evolución
le exige a estas creaturas,
que aprendan otras culturas
y no pala y azadón.

Pero el tutor, como es viejo,
sabe de lo que vivió,
lo actual, ni lo soñó,
ni conoce su manejo.

Nadie es capaz de explicar
eso que ni el mismo sabe,
que para el retoño es clave
y alguien se lo ha de enseñar.

Y también pasa la madre
su particular calvario,
hablándole al hijo, a diario,
bien, del golfo de su padre.

Aunque hoy, a decir verdad,
llueve en cualquier dirección
y no siempre es el varón,
el compendio de maldad.

Entrega incondicional

El cielo debe de ser
un estado parecido,
al que pintan en tu oído
los labios de una mujer.

Que desgranando promesas
devuelve a tu alma el contento,
mientras su cálido aliento
te hace caricias traviesas.

Y esos labios, juguetones,
que rozan y se retiran,
mientras que sus ojos miran
tu entrega sin condiciones.

Y el juego puede durar
tanto como ellos deseen,
tan solo con que flirteen,
paren y vuelta a empezar.

Te rescatan del infierno
y entras en el paraíso
y en ese instante preciso,
le juras amor eterno.

Con los ojos bien cerrados,
como mirando hacia adentro,
propician un reencuentro
con tus sueños más deseados.

Siseos titubeantes,
suaves cual guante de seda,
te matan y, si algo queda,
te rematan, desafiantes.

Te arrastran hasta ese abismo
que priva de los sentidos
y acelera tus latidos,
hasta el total paroxismo.

Al recuperar tu ser,
te prometes que jamás
juguete a ser volverás,
de labios de una mujer.

Y volverás a caer
una y otra vez al pozo,
solo saldrás por el gozo
que emana de la mujer.

Una obviedad, con algunas dudas

Entre todas las mujeres,
y en su entorno, la creación
ha sembrado los deberes,
las desdichas y placeres,
pero no en su proporción.

Si estás soltero, salvado,
solo serás indecente,
pero si fueras casado,
tu vida se ha terminado
y acabarás bajo un puente.

Si en ese mundo penetras,
solo hallarás malos frutos
en vez de nuevas recetas
y al buscar entre otras tetas,
te juegas tus atributos.

Dice no ser responsable
de las ansias del varón,
una opinión respetable,
mas juega la miserable
cual gato con el ratón.

Sin ellas, un sin vivir
y con ellas, por ahí andan,
yo me atrevería a decir,
que se las puede sufrir
si haces siempre lo que mandan.

Lo que te mueve a la unión
es, sin duda, una coyunda
hecha de fornicación,
engaño de la creación
y de una crueldad rotunda.

Esa es una lucha eterna
a la que el tiempo no afecta,
ya era así en la caverna,
va con la leche materna,
por eso no se detecta.

Y dependiendo del sexo
es distinta la afección,
se pone el varón convexo
y si ella aceptase el nexo,
ya no cabrá salvación.

El varón, sin duda alguna,
está abocado al abismo,
si busca uno, en vez de una,
salvo los líos de cuna,
su problema será el mismo.

Y finalmente le queda,
si a tener sexo él aspira,
a buscar a alguien que acceda
y, con caricias de seda,
le haga sentir que delira.

Y ese va a ser tu final.
Un día te va a decir
que le falló el material
y la has cagado, chaval,
porque a dos has de surtir.

O buscar sexo barato,
el que pagas cada vez
que usas el aparato,
el pagarlo todo el rato
se antoja una gran memez.

Se ve que lo del amor,
se quedó en un cuento chino
que ha perdido su fulgor,
el macho solo es fiador
de la prole, en su camino.

¡Pobre rey de la creación!
El tiempo te dejó en nada,
ya no impones condición
ni eres ese garañón,
que antes guiaba una manada.

Nada tangible

Virtudes teologales

Virtudes teologales,
hábitos que Dios infunde
y que a nuestras almas funde,
por ser seres racionales.

Son teologales tres,
aunque virtudes hay más,
las hay delante y detrás
y de cabeza a los pies.

Y son las teologales
las que Dios puso en el alma,
las que se llevan la palma,
y nos hacen inmortales.

Hay otras, las capitales,
que juegan en otra liga,
y no seré yo quien diga
si son o no son iguales.

Estas son de clerecía,
para personas versadas
y, por ende, están vetadas
a gente ignorante e impía.

Aquí no hay transgresiones,
para hacer teología
los escogen, yo diría,
entre los más santurrones.

Aquí no cabe el pecado,
el que llega siempre es bueno,
no lo digo en plan obsceno,
tan solo lo he resaltado.

Virtudes y pecados capitales

Las virtudes capitales,
diga el clero lo que quiera,
para mí son la escollera
con que frenar a los mortales.

Prohíben todo lo bueno,
lo que más te gusta hacer,
eso, comer y beber
y mirar lo que es ajeno.

Los que esto han inventado,
no lo hicieron para ellos,
si no pensando en aquellos
que se hallan del otro lado.

A prohibir se han liado
y casi no dejan nada,
hasta una idea larvada,
la confiesas, o es pecado.

Por activa, la virtud,
y por pasiva, el pecado,
ve el humano cercenado
todo intento y actitud.

La virtud es algo bueno
pero también aburrido
y el pecado es divertido,
pero te llena de cieno.

Si al morir todo lo lavas,
para que pensar en eso,
disfruta como un poseso,
de todo, pero a las bravas.

Si solo se paga al irse,
yo veo con claridad
que lo mejor, en verdad,
es pecar y no morirse.

Virtudes capitales

Estas virtudes son siete
que limitan casi todo,
así que no hallarás modo,
si no es, lo que se recete.

De esta prohibición notoria
las raíces llegan hondo
y aunque te emplees a fondo,
no hallarás escapatoria.

No se habla en esta historia
más que de blancos y negros,
y debía haber reintegros,
no tan solo infierno y gloria.

Yo que soy bueno a momentos
no sé ni donde meterme,
me esfuerzo por contener
y como yo, sé que hay cientos.

Igual debían crear
unas virtudes medianas,
para que escasos de ganas
lo podamos intentar.

Humildad

Como la humildad consiste
en ver tus limitaciones,
debilidades y opciones
y en tus obras eso existe.

Entonces el ser humilde
parece algo sencillo,
pórtate como un pardillo
para que nadie te tilde.

Ser humilde está muy bien,
el vivir con perfil bajo,
te hace gozar del carajo
y sin que te incordie alguien.

Pero si lo que te gusta
es eso de figurar,
no te dejes influenciar
ni escuches al que te asusta.

Renuncia a la virtud,
ponte el mundo por sombrero
y pide ser el primero
aunque sea a un ataúd.

Ser humilde puede ser
o muy bueno o muy malo,
en todo caso un regalo
que no se puede escoger.

Generosidad

Si es la generosidad
hábito de compartir,
sin esperar recibir,
me parece caridad.

Si siete necesitaron,
una para cada día
que la semana tenía,
por qué no nos lo indicaron.

Y si era para oponer
al pecado de avaricia,
o les parecía injusticia
de esa virtud carecer.

Entonces estoy de acuerdo
y haré por ser generoso,
mantendré al religioso,
aunque sea malo y lerdo.

Esta virtud yo diría
que poco más da de sí,
dejemos la cosa aquí
o mi fe se quebraría.

Para generoso ser,
el tener es necesario,
pasta o algún relicario,
que luego puedan vender.

Castidad

Castidad, es abstenerse
de relaciones carnales
y las prematrimoniales
no deben ni pretenderse.

Los cielos piden al macho,
ansias de reproducción
hasta cuando está borrado
y su premio, la prohibición.

Creando así una contienda
de difícil solución
y bajo esta condición,
que la cumpla quien la entienda.

El casado, tal vez, pueda
cuarenta veces al año,
al resto, les hace daño,
suceda lo que suceda.

Para que en esta virtud
consigas un aprobado,
el cura ya te ha casado,
o estás ya en el ataúd.

Paciencia

Se define la paciencia,
como la capacidad
de padecer, de verdad,
y sufrir con vehemencia.

En esta virtud no tengo
la más mínima experiencia,
en mi caso, la paciencia,
no la hallas ni en mi abolengo.

Y si alguien me contraría
me pongo a bailar la jota
y de mis adentros brota,
algo que te asustaría.

Admiro a esas personas,
que aguantan estoicamente,
que yo o que otra gente,
le sobe hasta las hormonas.

Pero en este mundo cruel,
sabemos que hay de todo,
unos gozan de este modo
y otros, no dan el nivel.

Templanza

Templanza, es moderar
apetitos y placeres
y solo pueden mujeres
estas metas alcanzar.

El varón es muy propenso
a darse a la buena vida,
en juego, sexo y bebida,
a veces es hasta intenso.

También en el otro sexo
hay algunas excepciones,
no en tantas situaciones
y menos con tal exceso.

En eso de la templanza,
yo tampoco ando sobrado,
o me reprimo o soy dado,
a excesos de sexo y panza.

Quiero ser un libro abierto,
me parece muy costosa
la renuncia a tanta cosa,
por un premio tan incierto.

Caridad

Caridad, es actitud
solidaria con lo ajeno,
con lo malo y con lo bueno
y sin pedir gratitud.

De esa sí me ha tocado,
lo afirmo y lo sostengo,
doy hasta lo que no tengo,
y a veces pedí prestado.

A los tacaños los veo
como seres imperfectos,
que encierran vicios secretos,
que no muestra un simple ojeo.

Colma mi felicidad,
lo que tengo, compartirlo,
me da bienestar sentirlo,
aunque solo sea amistad.

No es comedia ni tragedia
el hablar de estos asuntos,
quisiera acumular puntos,
por si hacen la nota media.

Diligencia

Diligencia es cuidado
y actitud en hacer algo,
me recuerda al veloz galgo
que nos trae lo cazado.

De esta hablaré sin complejo,
soy diligente y mañoso,
casi nunca estoy ocioso
y poco o nada me quejo.

Sin ánimo de querella,
yo creo que, hoy, la gente,
no suele ser diligente
ni en las cosas que son de ella.

Nacen ya con la opinión,
de que quien los ha creado,
aporte, junto al Estado,
la casa y manutención.

La iglesia, solo exigencias
y oraciones, por consuelo,
y el viejo maná del cielo,
solo está en nuestras creencias.

Los pecados capitales

Estos que también son siete,
por pura casualidad,
cada uno, por sí, acomete
lo que la virtud promete
y que dice ser verdad.

Si te gustase bailar,
nos dicen, sin anestesia,
que se haga sin arrimar,
porque eso sería pecar,
e insiste, en ello, la iglesia.

Pero dice la canción
y el saber del populacho,
bailar lejos no es bailar,
el baile implica tocar
e intentar el pillar cacho.

Sin ver claro lo que pasa
ni a que carta he de quedarme,
por si esto me sobrepasa,
hagamos "tabula rasa"
y solo, voy a largarme.

Soberbia

Si soberbia es condición,
del que se cree el mejor
bajo cualquier situación,
creyéndose el muy mamón
un ungido del Señor.

A su excelsa condición,
dejémosle campo libre
y que, con o sin razón,
la vida dé un revolcón,
para que eso lo equilibre.

La soberbia es un pecado,
que entre los nobles y ricos
parece estar arraigado
y en el pobre ni ha entrado,
porque lo vio hecho añicos.

La cuna en todos los casos,
aunque hay raras excepciones,
y también tuerce sus pasos,
la educación o fracasos
y las predisposiciones.

No le veo yo la gracia
ni que traiga algún provecho,
me parece una falacia,
un salto, una acrobacia,
una muestra de despecho.

Hoy, ya no es como antes,
el dinero y posición
no incita a tus semejantes,
más que a odios y desplantes
y nunca a la sumisión.

Y, tal vez, que analizasen
su estúpido proceder
y esa actitud la guardasen,
antes que le aconsejasen
donde la pueden meter.

Avaricia

Avaricia, es el afán
desmedido de tener
riquezas que solo dan,
seguridad para el pan
que mañana has de comer.

Si después del gasto diario
en tu bolso queda un chavo,
el resto no es necesario,
ese dinero suntuario
hará que seas su esclavo.

El tener mucho no es malo,
lo malo es atesorarlo
y acabar en un cuartucho,
tomando solo un calducho,
porque no quieres gastarlo.

Come bien, ten algún vicio,
sácale jugo a la vida
y no tengas miedo al juicio,
habrá letrados de oficio
que digan que es merecida.

Lujuria

Si lujuria es el exceso
en el deseo carnal,
cómo y con qué miden eso,
lo mucho, a un viejo obseso,
para un joven es normal.

Si existen cuerpos que gustan
y que levanta pasiones,
que nazcan de esos que asustan,
de esos que a nadie les gustan
y adiós a las tentaciones.

Mas si hay que reproducirse
y no existe otra manera,
o incentivan el unirse,
o el mundo va a convertirse
en una inmensa perrera.

Aquí si soy pecador
y lo digo abiertamente,
que me perdone El Señor,
si él creó algo mejor,
no se lo contó a la gente.

Ira

La ira es un sentimiento
de rechazo e indignación,
de enojo y descontento,
que hace agresivo al jumento
y al hombre, en toda ocasión.

La única diferencia
que hay entre débil y fuerte,
es que uno le echa paciencia
y el otro, tanta insistencia,
que a veces acaba en muerte.

Este si es un mal pecado
del que nadie está exento,
incluso el más calmado,
a veces, se ve empujado
a tener un mal momento.

Yo me intento controlar,
pero alguna vez pasó
y no lo pude parar,
no fui capaz de frenar
aquello que en mí brotó.

Gula

El apetito excesivo
por la comida y bebida,
la tiene todo ser vivo
y aunque piense que es nocivo,
no da bola por perdida.

Me da que en ese periodo
se prohíbe hasta olvidar
y así, prohibiendo todo,
no hay duda, que de ese modo,
no habrá fugas que tapar.

Que comer sea un pecado,
lo veo un poco excesivo,
quizás ahí se han pasado,
paras, si te has hartado,
aun siendo muy primitivo.

La bebida, es otra cosa,
puede dañar a otra gente,
a los hijos, a la esposa
y con la mente borrosa,
actúas como un demente.

Envidia

Envidia, es la tristeza
o disgusto producido,
por no tener la listeza,
capacidad o belleza
de algún ser desconocido.

Yo creo que ese pecado,
con absoluta certeza,
a mí no me ha sido dado,
a muchos he admirado,
pero siempre con limpieza.

Cuando me miro al espejo,
tal vez me hubiera gustado
estar en otro pellejo,
pero analizo el reflejo
y no me siento enojado.

Este es un pecado raro,
que solo persigue a aquellos
que no lo tienen muy claro,
con los que el cielo fue avaro
y en vez de luz, dio destellos.

Pereza

Pereza, es no tener ganas
de hacer cosas con esfuerzo,
sean bien en las mañanas,
tardes u horas cercanas
y nunca en horas de almuerzo.

Ahí, conmigo han pichado
y les confieso el secreto,
nunca me hallarán parado,
hasta cuando estoy sentado,
soy incapaz de estar quieto.

Y así poder compensar,
con los que por no moverse
prefieren hasta ayunar,
y si es para trabajar
podrían hasta ofenderse.

Cuidado con la pereza
que es un peligroso juego,
a un ángel, si se le reza,
bajará a hacer limpieza,
con una espada de fuego.

Sentimientos opuestos

OCTAVA REAL

En el mundo hay dos fuerzas imparables
que son, sin duda, el amor y el odio
y sus frutos son tan incontestables
como la espada de un ángel custodio.
Los dos son, en bondad, muy poco fiables,
porque son brotes del mismo episodio.
Hay que usar uno con moderación
y del otro inundar el corazón.

La belleza

Octava real

La belleza jamás se halla en la flor,
siempre está en los ojos del que mira,
por eso ofrecen distinto color
y diferente olor a quien lo aspira.
A los que caen rendidos de amor
o quien, bajo sus efectos, delira,
no los comprende el resto de la gente,
que tiene una percepción diferente.

A mi madre

Octava real

Aunque de nombre te han puesto Dolores,
en mi infancia solo me has dado afecto,
has sembrado en mi alma muchos valores,
que me han condicionado a crecer recto.
Madre, perdóname los sinsabores,
que antes no vi y hoy sí, al ser provecto,
y aunque ya llevas mucho tiempo ausente,
todos los días visitas mi mente.

Más allá de la muerte

Oigo que revolotea
sobre mi mustia figura,
el ángel de la locura,
que en mi miedo, se recrea.

Él, me llevará de viaje,
pero no sabe el camino,
tan solo sabrá el destino
después del primer peaje.

Yo si me lo sé, de sobra,
que el infierno me he ganado,
aunque más haya pecado
de pensamiento que de obra.

El billete para el cielo,
o mucho bajó de precio,
o me convertí en un necio
ahora que soy abuelo.

Lo mismo me han condenado
al insulso purgatorio,
pues corrí más de un jolgorio,
pero jamás he matado.

Es cierto que sí he pecado
contra ciertos mandamientos,
de obra y de pensamientos
y de un modo reiterado.

Era mi naturaleza
a esa tarea proclive
y que yo nunca la esquive,
a nadie causó extrañeza.

Fui pecador, en purismo,
pero siempre permitido,
nada hice no consentido,
ni violé el secretismo.

Conjugando esas premisas
sale un raro pecador,
que pudiendo ser peor,
tan solo olió ciertas brisas.

Ante eso, quiero pensar,
que el fuego no es a tenor
de este humilde pecador,
que solo buscó agradar.

También pienso que ir al cielo
sea un premio exagerado,
pues, habiéndolo intentado,
no siempre aporté consuelo.

Así que solo me queda
ese pasillo a la nada,
esa franja inacabada,
sin más fin que hacer vereda.

Se le llama purgatorio,
aunque no se bien por qué,
tal vez por darle caché,
ya que es un sitio accesorio.

Parece que hoy ya no existe,
mas los de la vieja escuela,
guardamos esa secuela
y la mente se resiste.

Mientras, pasto de gusanos,
mi cuerpo, en la tierra, yace,
mi alma, libre, se rehace
de aquellos momentos vanos.

Ruego enfervorecido

Ilumina mi camino,
¡Oh Señor!, para lograr
el completar mi destino
y a tu lado descansar.

Cansado de cabalgar
por esta escabrosa senda,
ansío ya el descansar
y aflojar algo la rienda.

Son muchos años luchando
contra horribles tentaciones,
que mí fe fueron minando
y enturbiando mis acciones.

Hoy siento arrepentimiento
de mis hechos y maldades
y al amparo de tu aliento,
quiero vivir tus verdades.

Dame, Señor, el cobijo
bajo tu divino manto
y mira aquí, a un mal hijo,
contrito y en pleno llanto.

Dale fortaleza a mi alma,
junto a inspiración constante
y dale la fe y la calma,
para seguir adelante.

Renuncio a las vanidades,
a este ruido mundanal
y me aferro a tus verdades,
cual cruzado al Santo Grial.

En la vida terrenal,
hay miles de incitaciones,
sin las de tipo carnal,
que despiertan emociones.

Y hace falta fortaleza
para repeler su ataque,
porque a veces su crudeza,
hasta al santo, trae en jaque.

Inflama con tu mirada
mi pecador corazón
y que mi vida pasada,
no cambie tu decisión.

Plegaria a la Virgen

SONETO

¡Oh Madre mía! Que estás en los cielos
escucha mis súplicas y lamentos,
perdona mis malos comportamientos
y ayúdame a conseguir mis anhelos.

Perdona Señora que a ti acuda,
para salir de la cruel espiral
donde me tiene retenido el mal
y no podré escapar sin tu ayuda.

Una cruel locura me ha invadido,
cubriéndome de un loco de desamor
y que acepté sin un solo quejido.

Piedad, ¡Oh Señora!, y dame valor,
para que, en un tiempo aún no venido,
no insista en continuar el error.

A San Isidro Labrador

SONETO

Tú, que del Señor estás a la diestra,
recuérdale que vuelva su mirada,
hacia aquellos que no les queda nada
y se sientan, de nuevo, en la palestra.

Hoy pensamos en ti, tus protegidos,
y, en silencio, pedimos tu perdón,
nos unimos, a ti, por la oración
y evitamos contagios indebidos.

Siento por ti, un especial fervor,
posiblemente por tu profesión,
pues mi padre también fue labrador.

Hoy sería la mejor ocasión
para, bajo un silencio atronador,
dejar a tus pies, a mi corazón.

A la Asunción de la Virgen María

Soneto

Este día la Virgen sube al cielo
y desde allí a todos nos cobija,
haciéndolo de una forma prolija,
llenando nuestras almas de consuelo.

Jamás una madre abandona a un hijo
y lo protege hasta en la distancia,
insunflándole el amor y constancia,
que le traiga, de nuevo, a su cobijo.

Cantemos hoy, con la inmensa alegría
que nuestro roto corazón rezuma,
las plegarias y rezos a María.

Que tu luz sirva de faro en la bruma,
ayudándonos a encontrar la vía
que nos lleve a la felicidad suma.

Al día de todos los difuntos

SONETO

El día de difuntos, los caminos
nos conducen hacia nuestros ancestros,
así me lo enseñaron mis maestros
y también mi familia y mis vecinos.

Y con o sin creencias de por medio,
los muertos son realidades diarias,
unas simples y otras estrafalarias,
a donde llegaremos sin remedio.

Piensa que los respetos que presentas,
mañana, a ti, te serán presentados,
cuando también te toque rendir cuentas.

Si no son tus modales adecuados,
te harás acreedor de unas afrentas,
que casi son lo mismo que pecados.

Aurora ya se quiere ir

SONETO

Un alma buena inicia su camino
para encontrarse con su Creador,
quiere irse de este valle de dolor
y así cumplir el humano destino.

A la caridad dedicó su vida,
siempre con una sonrisa en su cara,
sin que jamás de su boca brotara,
una palabra hiriente o indebida.

Es una sierva del Señor, piadosa,
que lo primero, siempre en su conciencia,
fue el bien ajeno y no otra cosa.

Aunque ansiosa, aguarda con paciencia,
musitando una oración silenciosa,
a que el cielo reclame su presencia.

A la muerte de Umberto Eco

Umberto Eco se ha ido,
ha pasado a mejor vida,
deja al mundo compungido,
porque sabe que ha perdido
a una pluma muy querida.

Cuando se apaga una estrella
otra empezará a brillar,
mas no sustituye a aquella,
cada cual deja una huella
que nadie puede borrar.

Para este gran italiano
ya no existían fronteras,
porque era tan bueno el grano
que salía de su mano,
que brota hasta en las aceras.

Hoy el mundo entero llora
a un gran intelectual,
cuya pluma seductora,
calmó nuestra sed lectora
con prosa fenomenal.

Al menos, al que subscribe,
le duele y le hace sufrir,
sé que el cielo lo prohíbe,
pero aquel que así escribe
jamás debería morir.

Remordimientos

Malditos remordimientos,
que al igual que los ladrones,
entráis por los balcones
secuestrando sentimientos.

Atacáis nuestros sueños
como lobos esteparios
y los instintos primarios,
ya dejan de ser los dueños.

Y cuando se hacen presentes
los estáis esperando,
con las fauces rechinando
y los ojos relucientes.

Os alimentáis de sueños
e ilusiones incipientes,
que cazáis en las mentes
como si fuerais sus dueños.

Con vuestro inmundo veneno
borráis nuestro futuro,
ni el pensamiento más puro
se libra de vuestro cieno.

Que rabia no conocer
un antídoto capaz,
de borraros de la faz
del mundo y de todo ser.

Los remordimientos son
como el rayo a la tormenta,
sin avisar se presenta
y sin dar explicación.

Malditos remordimientos,
que, ahogando corazones,
matáis las ilusiones
y los más bellos momentos.

Índice

BAJO MI PROPIO CIELO

MUY TANGIBLE

NADA TANGIBLE

Esta obra
se acabó de imprimir
con los auspicios de
Charo Fierro y
Antonio J. Huerga, editores

FINIS CORONAT OPUS